AF296104

LA LETTRE

DU 19 JANVIER

ET SES CONSÉQUENCES

Lettre du 19 janvier 1867.
Règlement en matière d'interpellations.
Loi sur la presse.
Loi sur le droit de réunion.
Poursuites et Jugements.

PRIX : 50 CENTIMES

PARIS
LIBRAIRIE CENTRALE
9, RUE CHRISTINE, 9
et chez CALVET, 11, Rue Notre-Dame-des-Victoires, 11

1869

LETTRE DU 19 JANVIER 1867

A MONSIEUR LE MINISTRE D'ÉTAT

Palais des Tuileries, le 19 janvier 1867.

MONSIEUR LE MINISTRE,

Depuis quelques années, on se demande si nos constitutions ont atteint leur limite de perfectionnement, ou si de nouvelles améliorations doivent être réalisées ; de là une regrettable incertitude qu'il importe de faire cesser.

Jusqu'ici vous avez dû lutter avec courage en mon nom pour repousser des demandes inopportunes, et pour me laisser l'initiative de réformes utiles lorsque l'heure en serait venue. Aujourd'hui, je crois qu'il est possible de donner aux institutions de l'empire tout le développement dont elles sont susceptibles, et aux libertés publiques une extension nouvelle, sans compromettre le pouvoir que la nation m'a confié.

Le plan que je me suis tracé consiste à corriger les imperfections que le temps a révélées, et à admettre les progrès compatibles avec nos mœurs ; car gouverner, c'est profiter de l'expérience acquise et prévoir les besoins de l'avenir.

Le décret du 24 novembre 1860 a eu pour but d'associer plus directement le Sénat et le Corps législatif à la politique du gouvernement, mais la discussion de l'adresse n'a pas amené les résultats qu'on devait en attendre ; elle a, parfois, passionné inutilement l'opinion, donné lieu à des débats stériles, et fait perdre un temps précieux pour les affaires ; je crois qu'on peut, sans amoindrir les prérogatives des pouvoirs délibérants, remplacer l'adresse par le droit d'interpellation sagement réglementé.

Une autre modification m'a paru nécessaire dans les rapports du gouvernement avec les grands corps de l'État ; j'ai pensé que, en envoyant les ministres au Sénat et au Corps législatif, en vertu d'une délégation spéciale pour y participer à certaines discussions, j'utiliserais mieux les forces de mon gouvernement, sans sortir des termes de la Constitution qui n'admet aucune solidarité entre les ministres, et les fait dépendre uniquement du chef de l'État.

Mais là ne doivent pas s'arrêter les réformes qu'il convient d'adopter ; une loi sera proposée pour attribuer exclusivement aux tribunaux correctionnels l'appréciation des délits de presse et supprimer ainsi le pouvoir discrétionnaire du gouvernement. Il est également nécessaire de régler législativement le droit de réunion, en le contenant dans les limites qu'exige la sûreté publique.

J'ai dit, l'année dernière, que mon gouvernement voulait marcher sur un sol affermi, capable de supporter le pouvoir et la liberté. Par les mesures que je viens d'indiquer, mes paroles se réalisent, je n'ébranle pas le sol que quinze années de calme et de prospérité ont consolidé, je l'affermis davantage en rendant plus intimes mes rapports avec les grands pouvoirs publics, en assurant par la loi aux citoyens des garanties nouvelles, en achevant enfin le couronnement de l'édifice élevé par la volonté nationale.

Sur ce, Monsieur le ministre, je prie Dieu qu'il vous ait en sa sainte garde.

NAPOLÉON.

CONSÉQUENCES

—

1°

EXTRAIT du Décret du 8 février 1867, portant règlement des rapports du Sénat et du Corps législatif avec l'Empereur et le Conseil d'Etat.

TITRE III. CHAP. VI. — Des demandes d'interpellations.

Art. 97. — Toute demande d'interpellations au gouvernement est présentée par écrit et signée de cinq membres. Elle explique sommairement l'objet des interpellations; elle est remise au président du Corps législatif, qui la communique au ministre d'Etat et la renvoie à l'examen des bureaux, qu'il convoque à cet effet au plus tard dans les trois jours qui suivent la remise de la demande.

Art. 98. — Si quatre bureaux (1) du Corps législatif émettent l'avis que les interpellations peuvent avoir lieu, le président donne lecture de la demande d'in-

(1) Les bureaux sont au nombre de neuf.

terpellations en séance publique, et le Corps législatif fixe le jour de la discussion.

Art. 99. — Après la clôture de la discussion, le Corps législatif prononce sur l'ordre du jour pur et simple, ou le renvoi au gouvernement.

Art. 100. — L'ordre du jour pur et simple a toujours la priorité.

Art. 101. — Si l'ordre du jour pur et simple est écarté, le Corps législatif vote sur le renvoi au gouvernement, et ce vote clot la délibération.

Le renvoi au gouvernement ne peut être prononcé que dans les termes suivants :

« Le Corps législatif appelle l'attention du gouvernement sur l'objet des interpellations. »

Dans ce cas, un extrait de la délibération est transmis au ministre d'Etat.

2°

LOI RELATIVE A LA PRESSE

—

NAPOLÉON,

Par la grâce de Dieu et la volonté nationale.
Empereur des Français,

A tous présents et à venir, salut :

Avons sanctionné et sanctionnons, promul-
gué et promulguons ce qui suit :

Article 1er. — *Tout Français majeur et jouissant de
ses droits civils et politiques peut, sans autorisation
préalable, publier un journal ou écrit périodique* parais-
sant soit régulièrement et à jour fixe, soit par livrai-
sons et irrégulièrement.

Art. 2. — Aucun journal ou écrit périodique ne
peut être publié s'il n'a été fait, à la préfecture de
police, et dans les départements à la préfecture, et
quinze jours au moins avant la publication, une déclaration contenant :

1° Le titre du journal ou écrit périodique et les
époques auxquelles il doit paraître ;

2° Le nom, la demeure et les droits des propriétaires autres que les commanditaires ;

3° Le nom et la demeure du gérant ;

4° L'indication de l'imprimerie où il doit être im-
primé.

Toute mutation dans les conditions ci-dessus énumérées est déclarée dans les quinze jours qui la suivent.

Toute contravention aux dispositions du présent article est punie des peines portées dans l'art. 5 du décret du 17 février 1852.

Art. 3. — Le droit de timbre fixé par l'art. 6 du décret du 17 février 1852 est réduit à 5 cent. dans les départements de la Seine et de Seine-et-Oise, et à 2 cent. partout ailleurs.

Le paragraphe 3 de l'art. 6 du décret du 17 février 1852 est abrogé.

Sont affranchies du timbre les affiches électorales d'un candidat contenant sa profession de foi, une circulaire signée de lui, ou seulement son nom.

Le nombre de dix feuilles d'impression des écrits non périodiques prévu par l'art. 9 du décret du 17 février 1852 est réduit à six, et le droit de timbre abaissé à 4 cent. par feuille.

Art. 4. — Sont considérées comme suppléments et assujetties au timbre ainsi que le journal lui-même, s'il n'est déjà timbré, les feuilles contenant des annonces, lorsqu'elles servent de couverture au journal ou qu'elles y sont annexées, ou lorsque, publiées séparément, elles sont néanmoins distribuées ou vendues en même temps.

Art. 5. — Sont exempts de timbre et des droits de poste les suppléments des journaux ou écrits périodiques assujettis au cautionnement, lorsque ces suppléments ne comprennent aucune annonce de quelque nature qu'elle soit et quelque place qu'elle y occupe, et que la moitié au moins de leur superficie est consacrée à la reproduction des documents énumérés en l'art. 1er de la loi du 2 mai 1861.

Art. 6. — Sont applicables, en cas de contravention aux articles précédents, les dispositions des art. 10 et 11, § 1er du décret du 17 février, 1852.

Dans aucun cas, l'amende ne peut dépasser le tiers du cautionnement versé par le journal ou de celui auquel il aurait été assujetti s'il eût traité de matière politique ou d'économie sociale.

Art. 7. — Au moment de la publication de chaque feuille ou livraison du journal ou écrit périodique, il sera remis à la préfecture pour les chef-lieux de département, à la sous-préfecture pour ceux d'arrondissement, et pour les autres villes à la mairie, deux exemplaires signés du gérant responsable, ou de l'un d'eux s'il y a plusieurs gérants responsables.

Pareil dépôt sera fait au parquet du procureur impérial ou à la mairie dans les villes où il n'y a pas de tribunal de première instance.

Ces exemplaires sont dispensés du droit de timbre.

Art. 8. — Aucun journal ou écrit périodique ne pourra être signé par un membre du sénat ou du corps législatif en qualité de gérant respomsable.

En cas de contravention, le journal sera considéré comme non signé, et la peine de 500 à 3,000 francs, d'amende sera prononcée contre les imprimeurs et propriétaires.

Art. 9. — La publication par un journal ou écrit périodique d'un article signé par une personne privée de ses droits civils et politiques, ou à laquelle le territoire de France est interdit, est punie d'une amende de 1,000 à 5,000 francs, qui sera prononcée contre les éditeurs ou gérants dudit journal ou écrit périodique.

Art. 10. — En matière de poursuites pour délits et contraventions commis par la voie de la presse, la citation directe devant le tribunal de police correctionnelle ou la cour impériale *sera donnée conformément aux dispositions de l'art. 184 du code d'instruction criminelle.* Le prévenu qui a comparu devant le tribunal ou devant la cour ne peut plus faire défaut.

Art. 11. — Toute publication dans un écrit périodique relative à un fait de la vie privée constitue une contravention punie d'une amende de 500 francs.

La poursuite ne pourra être exercée que sur la plainte de la partie intéressée.

Art. 12. — Une condamnation pour crime commis par la voie de la presse entraîne de plein droit la suppression du journal dont le gérant a été condamné.

Pour le cas de la récidive dans les deux dernières années, à partir de la première condamnation pour délits de presse autres que ceux commis contre les particuliers, les tribunaux peuvent, en réprimant un nouveau délit de même nature, prononcer la suspension du journal ou écrit périodique pour un temps qui ne sera pas moindre de quinze jours et supérieur à deux mois.

Une suspension de deux ou six mois peut être prononcée pour une troisième condamnation dans le même délai. Elle peut l'être également par un premier jugement ou arrêt de condamnation, si la condamnation est encourue pour provocation à l'un des crimes prévus par les articles 86, 87 et 91 du code pénal, ou pour délit prévu *par l'article 9 de la loi du 17 mai 1819.*

Pendant toute la durée de la suspension, le cautionnement demeurera déposé au Trésor et ne pourra recevoir une autre destination.

Art. 13. — L'exécution provisoire du jugement ou de l'arrêt qui prononce la suspension ou la suppression d'un journal ou écrit périodique pourra, par une disposition spéciale, être ordonnée nonobstant opposition, appel ou pourvoi en cassation, en ce qui touche la suspension ou la suppression.

Il en sera de même pour la consignation de l'amende, sans préjudice des dispositions des articles 29, 30 et 31 du décret du 17 février 1852.

Toutefois, l'opposition ou appel suspendront l'exécution, s'ils sont formés dans les vingt-quatre heures de la signification des jugements ou arrêts par défaut ou de la prononciation du jugement contradictoire.

L'opposition ou l'appel entraîneront de plein droit citation à la plus prochaine audience.

Il sera statué dans les trois jours.

Le pourvoi en cassation n'arrêtera en aucun cas les effets des jugements et arrêts ordonnant l'exécution provisoire.

Art. 14. — Les gérants des journaux sont autorisés à établir une imprimerie exclusivement destinée à l'impression du journal.

Art. 15. — L'art. 463 est applicable aux crimes, délits et contraventions commis par la voie de la

presse, sans que l'amende puisse être inférieure à
50 francs.

Art. 16. — Sout abrogés les art. 1 et 32 du décret
du 17 février 1852, et généralement les dispositions
des lois antérieures contraires à la présente loi.

La suspension prévue par l'art. 19 du décret du
17 février 1852 ne pourra être prononcée que par
l'autorité judiciaire.

Délibéré en séance publique le 9 mars 1868.

3°

LOI RELATIVE AUX RÉUNIONS PUBLIQUES

NAPOLÉON,

Par la grâce de Dieu et la volonté notionale,
Empereur des Français,

A tous présents et à venir, salut :

Avons sanctionné et sanctionnons, promul-
gué et promulguons ce qui suit :

LOI.

(Extrait du procès-verbal du Corps législatif).

Le Corps législatif a adopté le projet de loi dont la teneur suit :

TITRE Ier.

DES RÉUNIONS PUBLIQUES NON POLITIQUES.

Article 1er. — Les réunion publiques peuvent avoir lieu sans autorisation préalable, sous les conditions prescrites par les articles suivants :

Toutefois les réunions publiques ayant pour objet de traiter de matières politiques ou religieuses continuent à être soumises à cette autorisation.

Art. 2. — Chaque réunion doit être précédée d'une déclaration signée par sept personnes, domiciliées dans la commune où elle doit avoir lieu, et jouissant de leurs droits civils et politiques.

Cette déclaration indique les noms, qualités et domiciles des déclarants, le local, le jour et l'heure de la séance, ainsi que l'objet spécial et déterminé de la réunion.

Elle est remise, à Paris, au préfet de police ; dans les départements, au préfet ou au sous-préfet.

Il en est donné immédiatement un récépissé, qui doit être représenté à toute réquisition des agents de l'autorité.

La réunion ne peut avoir lieu que trois jours francs après la délivrance du récépissé.

Art. 3. — Une réunion ne peut être tenue que dans un local clos et couvert. Elle ne peut se prolonger au delà de l'heure fixée par l'autorité compétente pour la fermeture des lieux publics.

Art. 4. — Chaque réunion doit avoir un bureau composé d'un président et de deux assesseurs au moins, qui sont chargés de maintenir l'ordre dans l'assemblée et d'empêcher toute infraction aux lois.

Les membres du bureau ne doivent tolérer la discussion d'aucune question étrangère à l'objet de la réunion.

Art. 5. — Un fonctionnaire de l'ordre judiciaire ou administratif, délégué par l'administration, peut assister à la séance.

Il doit être revêtu de ses insignes et prend une place à son choix.

Art. 8. — Le fonctionnaire qui assiste à la réunion a le droit d'en prononcer la dissolution : 1° si le bureau, bien qu'averti, laisse mettre en discussion des questions étrangères à l'objet de la réunion ; 2° si la réunion devient tumultueuse.

Les personnes réunies sont tenues de se séparer à la première réquisition.

Le délégué dresse procès-verbal des faits et le transmet à l'autorité compétente.

Art. 7. — Il n'est pas dérogé par les articles 5 et 6 aux droits qui appartiennent aux maires en vertu des lois existantes.

TITRE II.

DES RÉUNIONS PUBLIQUES ÉLECTORALES.

Art. 8. — Des réunions électorales peuvent être tenues à partir de la promulgation du décret de convocation d'un collége pour l'élection d'un député au Corps législatif, jusqu'au cinquième jour avant celui fixé pour l'ouverture du scrutin.

Ne peuvent assister à cette réunion que les électeurs de la circonscription électorale et les candidats qui ont rempli les formalités prescrites par l'article 1er du sénatus-consulte du 17 ¹ ier 1858.

Ils doivent, pour être admis, faire connaître leurs nom, qualité et domicile.

La réunion ne peut avoir lieu qu'un jour franc après la délivrance du récépissé qui doit suivre immédiatement la déclaration.

Toutes les autres prescriptions des art. 2, 3, 4, 5 et 6 sont applicables aux réunions électorales.

TITRE III.

DISPOSITIONS GÉNÉRALES.

Art. 9. — Toute infraction aux prescriptions des articles 2, 3 et 4, et des paragraphes 1, 2 et 4 de l'article 8, constitue une contravention punie d'une amende de 100 francs à 3,000 francs et d'un emprisonnement de six jours à six mois.

Sont passibles de ces peines :

1° Ceux qui ont fait une déclaration ne remplissant pas les conditions prescrites par l'article 2, si cette déclaration a été suivie d'une réunion ;

2° Ceux qui ont prêté ou loué le local pour une réunion, si la déclaration n'a pas été faite, ou si le local n'est pas conforme aux prescriptions de l'article 3 ;

3° Les membres du bureau, ou, si aucun bureau n'a été formé, les organisateurs de la réunion, en cas d'infractions aux articles 2, 3, 4 et 8, paragraphes 1 et 4 ;

4° Ceux qui se sont introduits dans une réunion électorale en contravention au deuxième paragraphe de l'article 8 ;

Sans préjudice des poursuites qui peuvent être exercées pour tous crimes ou délits commis dans ces réunions publiques, et de l'application des dispositions pénales relatives aux associations ou réunions non autorisées.

Art. 10. — Tout membre du bureau ou de l'assemblée qui n'obéit pas à la réquisition faite à la réunion par le représentant de l'autorité d'avoir à se disperser, est puni d'une amende de 300 francs à 6,000 francs, et d'un emprisonnement de quinze jours à un an, sans préjudice des peines portées par le code pénal pour résistance, désobéissance et autres manquements envers l'autorité publique.

Art. 11. — Quiconque se présente dans une réunion avec des armes apparentes ou cachées est puni d'un emprisonnement d'un mois à un an et d'une amende de 300 fr. à 10,000 fr.

Art. 12. — L'article 463 du code pénal est applicable aux délits et aux contraventions prévus par la présente loi.

Art. 13. — Le préfet de police à Paris, les préfets dans les départements, peuvent ajourner toute réunion qui leur paraît de nature à troubler l'ordre ou à compromettre la sécurité publique.

L'interdiction de la réunion ne peut être prononcée que par décision du ministre de l'intérieur.

Art. 14. — Sont abrogés les lois et décrets antérieurs, en ce qu'ils ont de contraire à la présente loi.

Délibéré en séance publique, à Paris, le 25 mars 1868.

> *Le Président :* SCHNEIDER.
>
> *Les Secrétaires :* DE GUILLOUTET, marquis DE CONEGLIANO, BOURNAT, MÈGE, MARTEL.

(Extrait du procès-verbal du Sénat).

Le Sénat ne s'oppose pas à la promulgation de la loi relative aux réunions publiques.

Délibéré et voté en séance, au palais du Sénat, le 29 mai 1868.

> *Le président,* TROPLONG ; *les secrétaires,* CHAIX-D'EST-ANGE, DE MENTQUE, HUBERT-DELISLE.

Vu et scellé du sceau du Sénat :

Le sénateur secrétaire,
CHAIX D'EST-ANGE.

Mandons et ordonnons que les présentes, revêtues du sceau de l'État et insérées au *Bulletin des lois,* soient adressées aux cours, aux tribunaux et aux autorités administratives, pour qu'ils les inscrivent sur leurs registres, les observent et les fassent observer, et notre ministre de la justice et des cultes est chargé d'en surveiller la publication.

Fait au palais des Tuileries, le 6 juin 1868.

NAPOLÉON.

Par l'Empereur :

Le ministre d'État,

E. ROUHER.

Vu et scellé du grand sceau :

Le garde des sceaux, ministre de la
justice et des cultes,

J. BAROCHE.

PROCÈS DE PRESSE

	Amendes.
22 mai. *Courrier français*, un mois huit jours de prison,	1,300 fr.
Même date. *Courrier français*, vingt-trois jours de prison,	1,500
19 juin. *L'Art*, suppression,	2,500
24 — *Courrier de la Gironde*, deux mois de prison,	50
27 — *Avenir algérien*,	150
29 — *Peuple*,	300
1er juillet. *Courrier français*,	50
6 — *Progrès du Nord*, deux mois de prison,	500
6 juillet. *Ordre d'Arras*, deux mois de prison,	500
7 juillet. *L'Electeur*	10,500
8 — *Progrès de l'Algérie*,	100
10 — *Hanneton*, suppression,	800
11 — *L'Ordre et la Liberté*, de Caen, six jours de prison,	100
19 juillet. Le *Réveil*, trois mois de prison	5,500
21 — *Avenir algérien*,	150
22 — *International*, trois mois de prison,	3,000
24 juillet, *L'Électeur*.	50

Amendes.

1er août.	*Emancipation*,	50
5 —	La *Lanterne*,	50
5 —	Le *Messager du Sud-Ouest*,	1,200
11 —	*Figaro*,	2,300
11 —	*Courrier de Lyon*,	100
12 —	*Figaro*,	500
14 —	La *Lanterne*, quatorze mois de prison,	12,000
17 août.	L'*Ordre et la Liberté*	150
20 —	Le *Libéral de Seine-et-Oise*,	200
28 —	La *Lanterne*, quinze mois de prison,	12,000
28 août.	Le *Publicateur de la Vendée*,	300
28 —	*Union des actionnaires*, un mois de prison,	1,000
31 août.	*Messager de Provence*,	500
1er septembre.	*Espérance du peuple*,	2,000
5 —	L'*Electeur*,	1,200
11 —	*Figaro*,	50
17 —	*Messager du Sud-Ouest*,	500
13 octobre.	*Foire aux sottises*,	200
10 —	*Prolétaire de Nîmes*, suppr.	358
30 —	*Courrier de l'Intérieur*, quatre mois de prison,	6,000
5 novembre.	L'*Avenir d'Auch*	2,500
11 —	*Revue politiqae*,	50
12 —	L'*Ordre et la Liberté*,	1,300
14 —	*Réveil*, six mois de prison, interdiction des droits civiques,	4,000
14 novembre.	*Revue politique*,	2,000
14 —	*Tribune*,	2,000
14 —	*Avenir National*,	2,000

	Amendes.
18 novembre. *Foudre*, suppression, un mois de prison,	500
23 novembre. L'*Ordre et la Liberté*,	550
27 — *Figaro*,	500
27 — *Figaro*,	560
28 — *Réveil*, six mois de prison,	2,000
28 — *Avenir National*,	2,000
28 — *Tribune*,	2,000
28 — *Temps*,	1,000
28 — *Journal de Paris*,	1,000
27 — *Progrès du Nord*, un mois de prison,	500
27 novembre *Propagateur de l'Aube*,	600
28 — *Impartial de la Nièvre*,	200
28 — *Revue politique*,	2,500
28 — *Indépendant des Pyrénées-Orientales*,	200
2 décembre. *Indépendant du Centre*,	500
2 — *Emancipation*,	200
2 — L'*Ouest*,	500
2 — *Peuple*, trois mois de prison, interdiction des droits civiques,	2,500
7 — L'*Ordre et la Liberté*,	1,050
10 décembre. *Emancipation*,	1,100
10 — *Marionnette*, suppression, trois mois de prison,	2,000
10 décembre. *Phare de la Loire*,	800
10 — L'*Indépendant du Midi*,	1,000
10 — Le *Contribuable*,	500
10 — La *Discussion*,	2,050
10 — *Progrès Libéral de Toulouse (appel à minima)*,	500

	Amendes.
10 décembre. *Indépendant du Tarn (appel à minima)*,	300
10 décembre. *Emancipation de Toulouse (appel à maxima)*, amende de 300 francs, portée à	600
10 décembre. *L'Indépendant du Midi*,	500
10 — Le *Démocrite*, quatre mois de prison, et	200
26 décembre. *L'Avenir d'Auch*, un mois et demi de prison, et	2,500
7 janvier. Le *Diable à Quatre*, 7 mois de prison,	9,000

Se continue!

Paris.—Impr. Turfin et Ad. Juvet, 9, cour des Miracles